Copyright © 2016 by ACB - Adult Coloring Books. All rights reserved.

Published by ACB - Adult Coloring Books

ISBN 978-1-988245-07-2

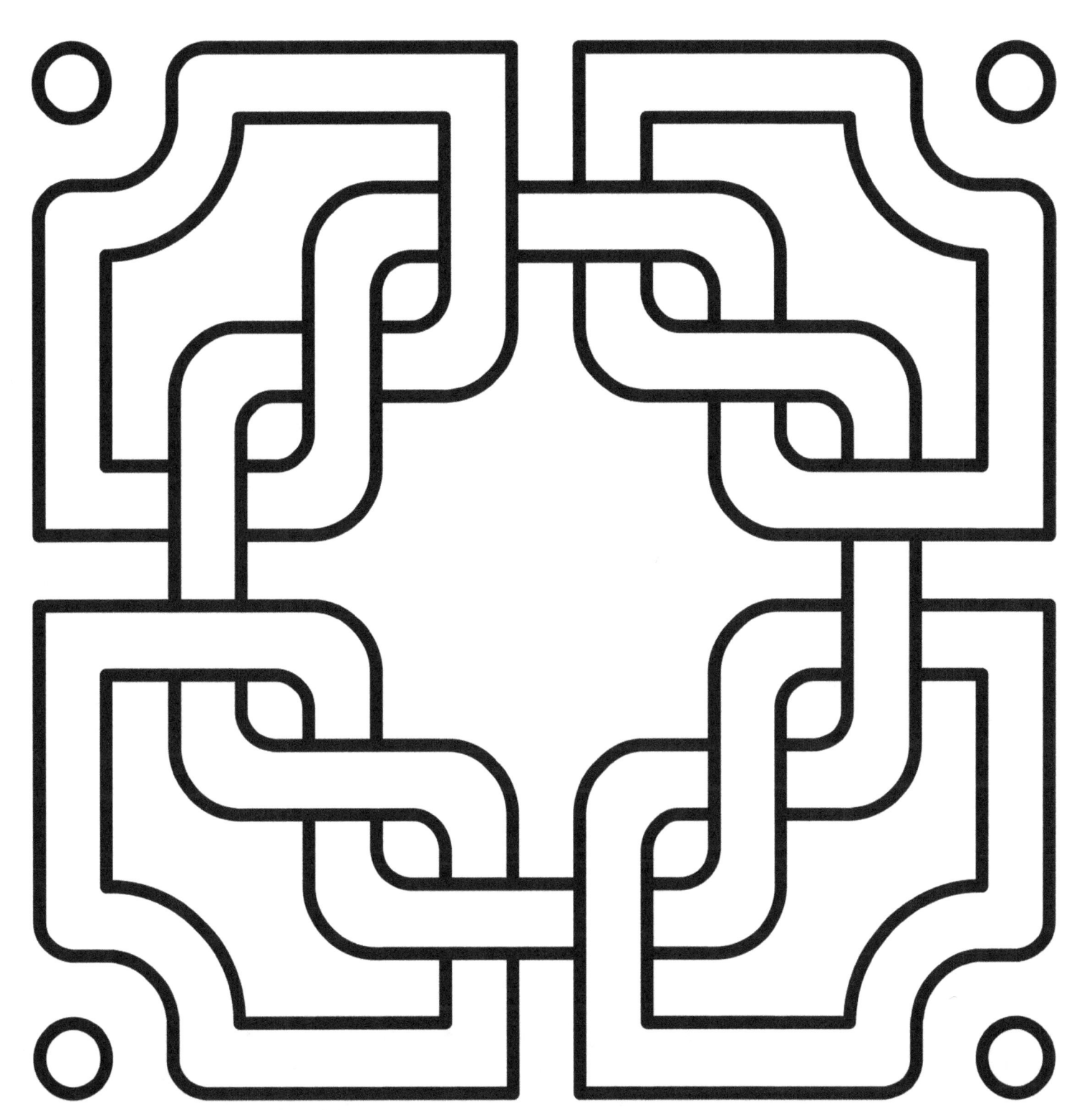

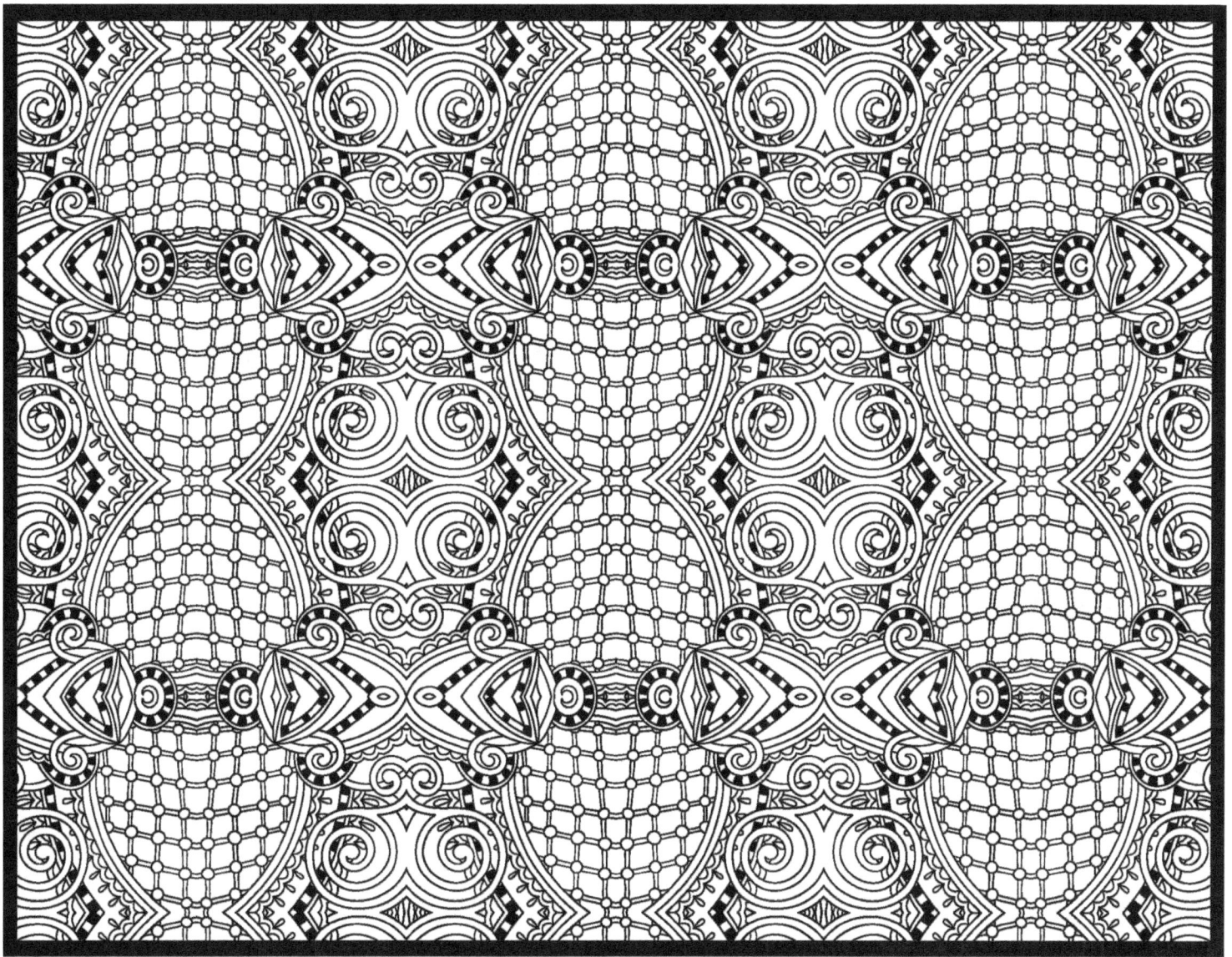

COLORING BOOKS BY ACB

www.ingramcontent.com/pod-product-compliance
Lightning Source LLC
Chambersburg PA
CBHW081431070526
44586CB00020B/2551